LA VIE

DU BIENHEUREUX

SAINT LAMBERT

MARTYR

AMIENS

TYPOGRAPHIE DE CARON ET LAMBERT

IMPRIMEURS-LIB. DE MONSEIGNEUR L'ÉVÊQUE

PLACE DU GRAND-MARCHÉ

1859

APPROBATION.

Permis d'imprimer.

Amiens, le 24 août 1859.

FALLIÈRES,

V.-G.

LA VIE

DU BIENHEUREUX

SAINT LAMBERT

MARTYR

Saint Lambert a été donné de Dieu à la France dans un temps si calamiteux, qu'il a eu bien des occasions de faire voir qu'un homme vertueux ne se laisse pas vaincre par l'infortune; et que ne cédant pas aux accidents les plus fâcheux, il triomphe de l'adversité aussi bien que de la prospérité et de toutes les grandeurs de la vie présente. Son père qui s'appelait Eure ou Apre, descendait d'une famille royale, et était le plus grand seigneur du pays de Liège et de la ville de Maëstricht. Sa mère se nommait Hérisplinde, et était aussi d'une famille très-illustre. Dieu leur donna ce fils pour la gloire de leur maison et pour récompenser leur vertu. Il reçut le baptême des mains de saint Rémacle, qui lui servit en même temps de parrain, et lui donna le nom de Lambert. Gilles, religieux de l'ordre de Citeaux, dit qu'un peu avant sa naissance, une fille aveugle, nommée Line, qui avait pour père un gentilhomme français, fut avertie par un ange d'aller trouver Hérisplinde et de s'offrir à elle pour nourrir l'enfant dont elle accoucherait : que Dieu lui donna du lait miraculeusement, dont s'étant frotté les yeux, elle recouvra la vue, et que notre saint fut allaité de ce lait virginal. Il ajoute que saint Lambert étant encore au berceau parla deux fois à sa nourrice pour lui reprocher la négligence qu'elle avait apportée à faire ce qu'on lui avait commandé.

Ces merveilles étant de légitimes présages de sa sainteté, obligèrent ses parents d'avoir un soin particulier de son éducation. Ils la confièrent à saint Landoald, archiprêtre de Maëstricht, sous lequel il fit d'admirables progrès dans la vertu et dans les sciences divines et humaines. Son adolescence fut encore signalée par des miracles ; car par la force de ses prières il fit jaillir une fontaine en faveur des ouvriers qui, travaillant à la construction d'une église, manquaient d'eau pour se rafraîchir ; il porta des charbons ardents dans son manteau sans être brûlé.

Pour le perfectionner encore plus dans la vertu, ses parents le mirent sous la conduite de saint Théodart, évêque de Tongres. Il profita si bien des instructions de ce grand homme, que croissant à vue d'œil, pour ainsi dire, en grâce, en sagesse et en mérite, il s'attira l'admiration de tout le monde : car il commença dès-lors à s'établir inviolablement dans l'amour de Dieu, dans un zèle ardent pour le salut du prochain, à mépriser toutes les choses de la terre, à rechercher avec empressement tout ce qui pourrait le porter à la perfection; en un mot à ne désirer que la gloire de Jésus-Christ et à se sacrifier incessamment à sa divine majesté; de sorte qu'après la mort de ce saint prélat qui fut massacré pour la défense des biens de son église, il fut ravi plutôt qu'élu, quoiqu'il n'eût encore que 21 ans, pour remplir le siége épiscopal de Tongres transféré alors à Maestricht. Il allégua inutilement sa grande jeunesse, son peu d'expérience, et d'autres raisons que son humilité lui faisait croire suffisantes, afin d'être dispensé de ce fardeau ; il fut obligé de céder aux instances du clergé et du peuple, qui lui protestèrent hautement que, quoi qu'il pût faire, il serait leur évêque, et qu'ils n'en éliraient point d'autre que lui ; que leur choix étant unanime, c'était une marque évidente, qu'ils ne l'avaient faite que par le mouvement du Saint-Esprit ; que le Roi, les princes et les grands du royaume lui donnaient leurs suffrages, et enfin que tous généralement le proclamaient avec des cris de joie, indices certains de la volonté de Dieu.

La vie qu'il mena sous l'éclat de la mître, fit bien voir qu'il en était digne, et qu'on n'avait pu faire un meilleur choix. La qualité de pasteur lui donna occasion de faire paraître les sentiments de religion et de piété dont son cœur était rempli. Il offrait tous les jours le Saint-Sacrifice de la messe pour le peuple que Dieu lui avait confié, et il s'offrait lui même en holocauste à la divine Majesté par les austérités rigoureuses qu'il exerçait sans cesse sur sa chair encore tendre et délicate. L'ordre et la vérité faisaient le plus bel ornement de sa maison, l'équité et la justice accompagnaient partout ses actions : son occupation ordinaire était de prêcher à ses ouailles les maximes de l'Évangile ; il reprenait le vice avec une liberté pastorale, il encourageait les faibles à la pratique du bien et fortifiait dans la vertu ceux qui avaient entrepris sincèrement l'ouvrage de leur perfection. Il exhortait tout le monde à mener une vie chrétienne, dont il donnait lui-même dans sa conduite d'admirables exemples. Il avait un regard agréable et encourageant, et l'esprit dans une tranquillité et un calme parfaits, ses paroles étaient pleines d'onction, et sa conversation charmante : son âme ne vivait que des délices de la grâce, et était entièrement morte à tous les plaisirs de la terre ; ses mains étaient ouvertes pour distribuer des aumônes aux nécessiteux, ses bras étendus pour recevoir les misérables, et son cœur sensible pour compâtir aux affligés.

Childéric, roi de France, ne fut pas plutôt informé du mérite d'un si grand personnage, qu'il voulut l'avoir auprès de lui, pour se servir de ses avis dans le gouvernement de ses états. Lambert s'y rendit et confirma, par sa présence, la haute opinion que l'on avait conçue de sa vertu. Le royaume pouvait attendre de grands fruits d'une si sage conduite, lorsque Childéric ayant été mis cruellement à mort, notre saint, dont l'innocence et la justice ne pouvaient plaire à des séditieux, fut aussitôt chassé de la cour et privé même de son évêché. Un misérable nommé Pharamond s'en empara, non pour le gouverner, mais pour le piller, non pour sauver les âmes, mais pour les perdre; non pour y administrer les sacrements, mais pour les profaner, non enfin pour y faire régner l'ordre, la discipline et la religion, mais pour y mettre la confusion, pour en violer le sanctuaire, et pour en bannir la piété.

Il soutint cette persécution avec une constance merveilleuse; et toute sa douleur fut de laisser entre les mains d'un loup ravissant, des âmes que la Providence lui avait confiées. Son peuple ne put le voir partir sans fondre en larmes; on entendait retentir de tous côtés dans la ville des voix qui disaient : « Hélas! nous perdons notre saint pasteur! » qui est-ce qui nous défendra contre la » fureur de nos ennemis? Les plus généreux » vont perdre courage : les faibles ne pourront » plus se soutenir, les pauvres, les orphelins » et les veuves vont devenir la proie d'un » scélérat, nous allons tous être exposés à » ses violences. Allons! allons! suivons notre

» évêque partout où il ira ; et s'il faut mourir
» avec lui, méprisons une vie qui nous sera
» sans sa présence, plus insupportable que
» la mort.» Ces paroles étaient entrecoupées
de soupirs et de gémissements qui firent ver-
ser des larmes au saint prélat. Il tâche de les
consoler, en leur assurant qu'il ne les aban-
donnerait pas, qu'il les porterait toujours dans
son cœur et que sans cesse il prierait pour
eux le souverain pasteur des âmes. Il les
exhorta ensuite à la crainte de Dieu, à la
patience dans leurs afflictions, et à la pratique des bonnes œuvres, afin d'attirer sur
eux la protection du Ciel : et après leur
avoir donné sa bénédiction, et les avoir
embrassés, il les quitta pour se retirer au
monastère de Stavelo sur les limites de son
diocèse. C'était un paradis terrestre, pour
l'observance régulière qui y était gardée
dans toute son intégrité, et les religieux
qui l'habitaient étaient autant d'anges qui
ne s'occupaient que de la contemplation des
choses célestes.

Saint Lambert augmenta le nombre de ces
fidèles serviteurs de Jésus-Christ, qui le reçu-
rent avec tout l'honneur dû à son caractère ;
mais bien loin de permettre qu'on le distin-
guât des autres, à cause de sa dignité, il
voulut suivre la règle de la communauté
comme s'il n'eût été qu'un simple religieux.
Les plus petites observances furent pour lui
des règles inviolables, et la différence qu'on
remarqua en lui fut : son humilité plus
profonde, son abstinence plus rigoureuse,

son oraison plus longue et plus fervente, sa soumission envers les supérieurs plus grande, sa conversation plus édifiante, sa mortification plus austère, sa débonnaireté plus accommodante et plus universelle, son obéissance plus prompte, son assiduité aux divins offices plus infatigable; en un mot toutes ces vertus plus parfaites et plus éclatantes. L'exemple suivant qui en renferme un grand nombre tout à la fois, suffira pour le prouver. Une nuit durant la rigueur de l'hiver, comme il se levait en toute hâte pour arriver un des premiers à Matines selon sa coutume, il laissa tomber à terre sa chaussure; le supérieur ayant entendu du bruit, ordonna, sans connaître qui en était la cause, que celui qui avait ainsi rompu le silence dans le dortoir, allât expier sa faute, suivant l'ordre de ce monastère, au pied de la croix placée au milieu du jardin. Saint Lambert exécuta cet ordre, et revêtu seulement de son cilice, sans se donner le temps de prendre ses autres habits, il se rendit les pieds nus au lieu de sa pénitence; et là les bras étendus en croix à l'imitation de son Sauveur qu'il voyait attaché, il offrit à Dieu les fruits de son obéissance. Il y demeura ainsi exposé au froid et à la neige, priant et chantant des psaumes, et immolant son corps faible et délicat à la rigueur de la saison et aux injures de l'air, pour en faire une victime agréable à Jésus-Christ. « Saint Laurent,
» dit Gilles d'Orval, triomphait par sa cons-
» tance de l'ardeur des flammes qui brû-

*

» laient son corps et Lambert triomphe par
» sa persévérance du froid , des neiges qui
» lui glacent le sang. Laurent, par le feu de
» la foi dont il était embrasé surmontait le
» feu du tyran qui le réduisait en cendres,
» et Lambert par le feu de l'amour divin
» dont il est enflammé, se montre insensible
» à la violence du froid qui épuise ses forces.
» Laurent par son intrépidité se moquait
» des bourreaux qui l'avaient mis sur le gril
» pour l'obliger à renoncer à sa foi ; et
» Lambert se soumet au commandement de
» son supérieur qui l'envoie à la croix pour
» expier une action qui n'est point coupable.
» Mais il y a cette différence, que Laurent
» trouve la couronne du martyr à la fin de
» son supplice et Lambert, après des souf-
» frances excessives, qui étaient capables
» de lui ôter la vie, est réservé pour endu-
» rer un autre martyre.» Après les Matines,
l'abbé n'y ayant point vu le saint évêque,
envoya un religieux savoir de lui la cause de
cette absence qui, ne lui étant pas ordinaire,
faisait craindre qu'il ne lui fût arrivé quelque
accident ; comme il n'était point dans sa
cellule , on alla voir à la croix où on le
trouva encore en oraison. L'abbé en fut
averti, et bien surpris que son commandement se fût adressé à lui, il envoya prompte-
ment des religieux pour le ramener : ils le
trouvèrent tout couvert de neiges et si transi
de froid, qu'il n'était plus connaissable :
toute la communauté lui fit de grandes
excuses de cette méprise; l'abbé même se

jeta à ses pieds pour lui en demander pardon; mais le saint, confus de cette humilité, lui dit qu'il avait fait son devoir en lui ordonnant cette pénitence, et que, pour lui, il n'avait fait que le sien en l'exécutant; que, puisqu'il avait commis la faute, il était juste qu'il en subît la peine; que l'on ne devait avoir aucune considération pour sa personne, et qu'il souhaitait qu'à l'avenir on le traitât comme le dernier du monastère. Dieu fit connaître que ce sacrifice lui avait été très-agréable, par une lumière céleste que l'on aperçut sur son visage à la fin de sa pénitence.

Saint Lambert passa sept ans dans cette sainte maison, non pas comme dans un lieu d'exil, mais comme dans un paradis, où il goûtait toutes les délices de la vie religieuse. S'il avait été chassé de son siége par les impies, il se voyait avec de bienheureux citoyens du Ciel; s'il n'était plus dans un palais épiscopal, il se trouvait dans la compagnie des saints, et s'il n'avait plus un troupeau à gouverner, il travaillait à se conduire lui-même pour acquérir l'éternité. Au bout de ce temps-là, les affaires de l'Eglise et de la religion changèrent de face. Le détestable Pharamond, qui n'avait eu que le nom d'évêque, sans faire nulle fonction de véritable pasteur, fut chassé pour ses crimes horribles, non-seulement de l'évêché de Tongres, mais aussi de toute la province, et Ebroïn, maire du palais, le plus méchant et le plus cruel de tous les persécuteurs de notre saint, reçut, par une mort violente, le châtiment que méritait sa perfidie. Pépin, surnommé d'Héristal, gouverna la France pendant les étranges révolutions dont la monarchie fut alors ébranlée. Ce prince, qui avait beaucoup de religion, n'ignorait pas l'injustice que l'on avait faite à saint Lambert; informé d'ailleurs de son mérite et de sa sainteté, il lui envoya des ambassadeurs au monastère de Stavélo pour le prier de remonter sur son siége épiscopal, dont il avait été injustement privé. Il eut beaucoup de peine à quitter sa solitude, et son humilité lui fit trouver de nouvelles raisons pour ne point reprendre une charge dont il s'était toujours estimé indigne; mais les instances des ambassadeurs et encore plus son zèle pour le salut des âmes, l'obligèrent de retourner à Maëstricht. Il y rentra d'autant plus glorieux, qu'il ne revenait qu'après avoir essuyé une dure persécution. La joie qu'on eut de le revoir fut égale à la douleur que l'on avait ressentie de sa perte, et les acclamations de tout le peuple témoignèrent assez que l'on avait soupiré après son retour. On ne peut exprimer l'allégresse publique qui paraissait dans les voix et sur les visages de tous les habitants. Il y fut reçu comme un vigilant pasteur, dont le gouvernement passé faisait désirer avec ardeur d'être de nouveau sous sa conduite; mais cette joie générale, que l'on eut de son rétablissement, augmenta encore merveilleusement par l'éclat de ses vertus dont il continua de donner

(13)

à son peuple des preuves admirables.

On découvrait dans son cœur la plénitude de la loi divine; sa bouche était l'oracle de la vérité; la grandeur de sa mansuétude, la vigueur et la prudence de ses conseils, la justice de ses actions, ravissaient tous ceux qui avaient l'honneur d'approcher de lui. Il n'avait point d'acception de personnes, les pauvres pouvaient l'aborder avec autant de facilité que les plus grands seigneurs; s'il considérait les vertueux, il ne méprisait pas pour cela les pécheurs, qu'il s'efforçait par toutes sortes de voies, de ramener à leur devoir; chacun trouvait en lui des sentiments de père et de pasteur. Sa conversation était innocente et chaste, sa foi constante, son espérance ferme, sa charité entière, sa sagesse singulière, sa doctrine apostolique et sa vie toute sainte. Il était modeste dans ses ameublements, les tapisseries et les chaises commodes n'entraient pas dans sa maison, ses habits étaient sans ornement et son principal vêtement était un cilice sur sa chair nue. Il visitait soigneusement son diocèse, sans excepter les villages et les métairies les plus éloignées; il avait l'adresse de découvrir où étaient les âmes qui ne se souciaient pas de leur salut, pour tâcher de les gagner à Jésus-Christ. Les Taxandres ou habitants du pays de Mildebourg et des îles de Zélande, vivaient encore dans les ténèbres de l'idolâtrie; il entreprit de les convertir à la religion de Jésus-Christ, et alla leur annoncer l'Evangile. Il souffrit d'abord plusieurs mauvais traitements de ces peuples, qui voulurent le mettre à mort, dès qu'ils l'entendirent condamner le culte qu'ils rendaient aux idoles ; mais son zèle ne se rebuta point, il se réjouit de leurs injures, il continua de les instruire, et leur montra si bien l'impiété de leur superstition, l'unité d'un Dieu, la Trinité des personnes divines, la création du monde, le péché originel, la malice des démons qui se faisaient adorer comme des dieux, le mystère de l'Incarnation et la mort de Jésus-Christ pour tous les hommes, qu'il en amena à l'Église la plus grande partie. Il les baptisa, il mit en pièces leurs simulacres, il leur consacra des temples et leur ordonna des prêtres pour les confirmer dans la foi : d'où vient qu'il est appelé l'apôtre des Taxandres.

Plusieurs personnes de qualité, touchées de ses paroles et animées par ses exemples, renoncèrent à toutes les vanités du monde et, méprisant leurs richesses en vue des biens éternels, embrassèrent une vie pénitente. On remarque entr'autres un jeune gentilhomme, nommé Hubert, natif d'Aquitaine, comte du palais sous le roi Thierry, savant dans les lettres humaines, et très-recommandable par la générosité qu'il avait fait paraître dans les armes. Ode, tante du même saint Hubert, veuve d'un duc d'Aquitaine, laquelle, par les exhortations de notre Saint, méprisa tellement le siècle, qu'après avoir distribué aux pauvres une grande partie de ses biens, qui étaient très-considérables, employa l'autre partie à fonder un monastère près de Liége, où elle passa saintement le reste de ses jours. La B. Landrade, très-illustre par sa naissance, bâtit, dans un lieu voisin de son domaine, un célèbre monastère, où elle reçut, des mains du saint Évêque, le voile de virginité, qu'elle conserva inviolablement jusqu'à la mort. Plusieurs jeunes demoiselles suivirent son exemple, et se consacrèrent à J.-C. dans la même maison. On rapporte une chose merveilleuse de cette sainte vierge. Étant au lit de la mort, elle envoya prier saint Lambert de venir la voir. Comme il était fort éloigné, elle mourut avant qu'il arrivât; mais elle lui apparut en chemin, et lui dit qu'elle jouissait de la béatitude céleste. Le saint demanda où elle voulait qu'on enterrât son corps : « *Regardez en* » *haut*, lui dit-elle, *et vous y verrez une* » *lumière en forme de croix, qui vous mar-* » *quera le lieu de ma sépulture.* » Il leva les yeux et vit que cette lumière tombait directement sur le village de Wintershoven, où elle avait demeuré dans son enfance. sous saint Landoald. Quand il fut arrivé au monastère, il dit sa vision aux religieuses et leur signifia l'intention de leur sainte mère; mais ces bonnes filles n'y eurent point d'égard, et, ne pouvant être privées de celle qui les avait aimées si tendrement pendant sa vie, elles la firent inhumer chez elles. Le saint les laissa faire; mais comme, après trois jours, il fit ouvrir le tombeau, l'on n'y trouva plus le corps. C'était qu'il avait été miraculeusement transporté par les anges au lieu même que la sainte avait indiqué au bienheureux prélat.

Pépin, prince d'ailleurs recommandable par son esprit, par sa prudence et par sa valeur, digne d'une éternelle mémoire pour les grands services qu'il a rendus à la France, oublia son devoir envers Dieu et envers les hommes, et, au grand scandale de tous les peuples, répudia Plectrude, sa femme légitime, pour prendre|une concubine nommée Alpaïs. Ce grand capitaine, qui avait remporté tant d'illustres victoires sur ses ennemis, ne put se vaincre lui-même en cette matière; il succomba à une passion infâme, après avoir fait succomber, sous la force de son bras, les plus redoutables guerriers de l'Europe. Il ne manquait rien à sa puissance, à son bonheur, à sa fortune, à sa gloire, et Dieu l'avait favorisé dans toutes ses entreprises; mais, au lieu de lui rendre des actions de grâces, il transgressa sa loi, en séparant ce que lui-même avait conjoint par le sacrement du mariage. C'était aux évêques du royaume à l'en reprendre et à lui dire, avec une liberté de Jean-Baptiste : *Non licet tibi : — Il ne vous est pas permis de chasser votre épouse pour entretenir une concubine comme vous faites.* Ils en étaient bien persuadés, mais ils n'osaient ouvrir la bouche pour le faire. Lambert seul, ne pouvant rien dissimuler quand il s'agissait de la gloire de Dieu et du salut des âmes, prit la hardiesse de parler. Il démontra vivement à ce prince l'horreur de son péché, le scandale qu'il causait partout et la punition divine qu'il devait craindre, et que sans doute il n'éviterait pas s'il ne rompait ce détestable commerce. Alpaïs, craignant que le zèle et l'autorité d'un si grand prélat ne fissent impression sur le cœur de Pépin, et qu'à la fin il ne se rendît à ses remontrances salutaires, sollicita Dodon, que quelques-uns disent avoir été son frère, homme puissant par ses grandes richesses et confident du même Pépin, d'arrêter les exhortations de Lambert. Celui-ci n'épargna rien pour en venir à bout. Il en parla au saint évêque. Il s'efforça de le gagner par de belles paroles, ou de l'intimider par ses menaces ; mais le voyant intrépide et toujours également animé contre l'adultère, il ne pensa plus qu'à le faire mourir.

Ces réprimandes du saint évêque n'empêchèrent point Pépin d'avoir toujours pour lui tout le respect qu'il savait être dû à sa vertu et à son caractère ; il déférait même beaucoup à ses conseils en toutes les choses qui ne touchaient point à sa passion. Un jour, il lui manda de le venir trouver à Jupile, pour traiter avec lui de quelques affaires d'État. Alpaïs, qui y était alors, fit ce qu'elle put pour mettre saint Lambert dans ses intérêts ; mais ce fut inutilement. Elle le fit prier qu'au moins il ne fît pas de remontrances au prince en public, mais on ne put tirer de lui d'autre réponse , sinon que partout il ferait son devoir et parlerait en évêque.

Pendant son séjour en ce lieu, Pépin fit un festin, aux grands de sa cour et pria le saint prélat de s'y trouver. Quand on présenta à boire au prince, il donna la coupe au saint, afin que, buvant le premier, il la bénit et la lui remit ensuite entre les mains : imitant en cela l'empereur Maxime, qui fit de même avec saint Martin. L'évêque fit ce que Pépin exigeait de lui. Les autres courtisans suivirent cet exemple, et prièrent saint Lambert de leur présenter la coupe après l'avoir bénite. Et comme plusieurs lui demandaient cette grâce à la fois, Alpaïs avança la main, afin de lui dérober, pour ainsi dire , la coupe avec sa bénédiction. Le saint évêque s'en étant aperçu, se tourna vers Pépin et se plaignit à lui de cet artifice de la concubine, qui voulait par là se glorifier d'être de sa communion, et, se levant aussitôt de table , il sortit de la chambre, résolu à se retirer de la cour. Alpaïs s'en offensa et gagna si bien le prince, qu'il fit défense à saint Lambert de partir sans avoir pris congé d'elle auparavant; mais le saint évêque lui répondit généreusement qu'il ne pouvait pas faire ce qu'il souhaitait; l'Apôtre lui défendant d'avoir aucune communication avec une femme impudique. *« J'ai une sensible douleur*, ajouta-t-il, *que vous l'entreteniez encore, après toutes les remontrances que je vous en ai faites. Je*

crains extrêmement que si vous ne l'aban-
donnez, la colère de Dieu ne tombe sur vous
pour vous punir du scandale que vous don-
nez à toute la France. » Alpaïs, qui entendit
ce discours, craignant plus que jamais que
si Lambert vivait plus longtemps, il ne per-
suadât à la fin à Pépin de la renvoyer pour
reprendre sa femme, pressa Dodon d'exé-
cuter au plus tôt son pernicieux dessein.
Alors celui-ci, prenant avec lui une poignée
de gens de guerre, se rend à la maison
de l'évêque qui s'était retiré à Liège, et
l'environne de tous côtés pour l'empêcher
de se sauver. Le saint s'éveilla au bruit des
soldats. Il pouvait faire quelque résistance ;
mais comme il savait que les serviteurs de
J.-C. ne remportent la victoire qu'en mou-
rant pour lui, et non en se défendant
contre leurs ennemis, il n'en fit aucune. Il
se prosterna donc seulement en oraison, les
bras étendus en forme de croix, pour demander à Dieu la grâce du martyre qui lui
était préparé. Cependant les soldats en-
trèrent, sans être touchés d'une croix
de lumière qui parut en l'air sur sa
maison ; et après avoir massacré deux de
ses neveux, nommés Pierre et Andolète,
avec quelques autres, ils le percèrent lui-
même de coups d'épée, et lui ôtèrent la vie
le 17 septembre 696. Il avait soixante et un
ans et était évêque de Maëstricht depuis
quarante.

Ceux qui évitèrent la fureur des assas-
sins, enlevèrent son corps et le transpor-

tèrent à Maëstricht, dans son église cathédrale. Pendant que le clergé chantait des psaumes autour de son cercueil, on entendit une voix céleste qui disait : *Dieu tout-puissant, qui, par sa providence, dispose de toutes choses, prépare un successeur au saint martyr Lambert ; c'est Hubert, dont la vie est sainte et la doctrine admirable, que le Souverain Pontife consacre aujourd'hui évêque pour vous l'envoyer.* « En effet,
» on lit dans la vie de saint Hubert qu'ayant
» été envoyé à Rome par saint Lambert
» pour y aller vénérer les reliques des saints
» apôtres Pierre et Paul, ce fut pendant
» son séjour dans cette ville qu'eut lieu le
» martyre de saint Lambert. Le même jour
» et à la même heure, un ange apparut en
» songe au pape Serge I, et lui présentant
» le bâton pastoral du glorieux martyr
» saint Lambert, il l'exhorta d'ordonner en
» sa place pour lui succéder Hubert, qu'il
» découvrirait le matin à de certaines
» marques dans l'église de saint Pierre.
» En effet, à son réveil, sa Sainteté trouva
» auprès d'elle cette précieuse crosse qui
» avait été la marque de la vigilance et de
» la fermeté intrépide de ce grand martyr.
» Aux marques qu'avait données l'ange,
» on reconnut facilement Hubert. Le pape
» le fit venir, lui apprit le martyre de son
» maître, et les desseins que Dieu avait sur
» lui. Il lui montra aussi le bâton pastoral
» de saint Lambert ; saint Hubert refusa,
» alléguant son indignité. Cependant l'ange

» de Dieu apporta en sa présence les ha-
» bits pontificaux de saint Lambert, et
» comme il y manquait une étole, l'ange
» en présenta une de soie blanche, qu'il dit
» avoir été envoyée par la Sainte Vierge.
» Hubert obéit, et fut ordonné sur le champ,
» prêtre et évêque de Tongres et de Maës-
» tricht. » Ainsi fut confirmée la vérité des
paroles célestes qu'on entendit pendant le
chant des psaumes autour du cercueil de
saint Lambert.

On dit aussi que les femmes impudiques
qui voulaient approcher de son corps pour
le baiser avec les autres fidèles, en étaient
repoussées par une vertu divine, pour
montrer combien le saint avait eu d'horreur
de l'impudicité d'Alpaïs. Toutefois, il ne fut
pas enterré dans sa cathédrale, mais dans
une petite église de Saint-Pierre, hors la
ville, et dans le tombeau de son père.
Le Ciel lui rendit les honneurs que la terre
lui avait refusés : il s'exhalait de ce lieu
une odeur si agréable, qu'elle surpassait
celle des parfums les plus exquis, et l'on
y entendit longtemps une mélodie céleste.
Plusieurs années après, saint Hubert le fit
transférer de là à Liège, où il avait souffert
le martyre. Il y transféra en même temps le
siége épiscopal de Tongres ; et, depuis, ce
village est devenu une des plus célèbres
villes des Pays-Bas. Son corps, lors de sa
translation, fut trouvé entier sans aucune
marque de corruption.

La justice divine ne tarda guère à punir

d'une manière terrible ceux qui avaient trempé dans la mort de ce grand prélat. Dodon fut frappé d'une maladie si honteuse, que personne ne pouvait le supporter ; on jeta son corps dans la Meuse. Celui qui lui avait donné le coup mortel se battit avec son frère et ils s'entretuèrent l'un l'autre. Plusieurs des soldats périrent dans l'année, et s'il en échappa quelques-uns, ils perdirent l'esprit et les biens, ou furent affligés de tant de calamités, qu'ils s'estimèrent beaucoup plus malheureux de vivre que de mourir.

La mémoire de saint Lambert est très-célèbre, non-seulement en Flandre, mais aussi en France et en divers endroits de l'Europe, où l'on voit plusieurs églises bâties en son honneur. On célèbre la fête de saint Lambert, le 17 septembre, en la paroisse de Sentelie, étant patron dudit lieu, dans la chapelle dédiée en son nom (*); un grand nombre de fidèles viennent y vénérer les reliques de saint Lambert, et solliciter son intercession pendant la neuvaine; on y voit des monuments incontestables des miracles que Notre-Seigneur a opérés par l'intercession de saint Lambert.

(*) On y chante la messe tous les premiers jeudis de chaque mois, le 28 avril, fête de la Translation du Saint, et tous les jours de la Neuvaine, du 17 au 25 septembre, pour les Bienfaiteurs de la chapelle vivants et trépassés.

ORAISON A SAINT LAMBERT.

O Dieu, qui nous comblez de joie par le retour annuel de la solennité de votre bienheureux martyr et pontife Lambert, faites par votre bonté, qu'en honorant sa naissance au ciel, nous ayons à nous réjouir de sa protection. Par Notre-Seigneur Jésus-Christ, votre Fils, qui étant Dieu vit et règne avec vous dans l'unité de l'Esprit-Saint, dans tous les siècles des siècles. AINSI-SOIT-IL.

Prière à Jésus-Christ.

En m'approchant de vous, ô mon Dieu, je crois d'une foi ferme que vous êtes, et que vous récompensez ceux qui vous cherchent; je crois que comme vous ne privez pas de vos biens ceux qui marchent dans l'innocence, vous ne rejetez point aussi le cœur contrit et humilié d'un pécheur qui revient à vous, et que vous lui faites miséricorde. Tout ce que vous avez révélé est véritable; tout ce que vous avez promis est assuré. Vous nous avez révélé que votre grâce justifie l'impie, et que le pécheur qui, s'étant perdu lui-même en se jetant volontairement dans le péché, ne peut en sortir, ni se convertir de lui-même, est converti et sanctifié par votre grâce, et par la rédemption de Jésus-Christ votre Fils; je le crois. Seigneur, et je vous demande avec larmes de rendre encore plus vive et plus parfaite cette foi que vous m'avez donnée.

Vous avez promis de faire grâce au pécheur qui vous la demanderait ; et nous assurant que vous ne demandez pas la mort, mais la conversion et la vie du pécheur, vous vous êtes engagé à effacer et à oublier ses péchés, le jour même qu'il retournerait à vous ; j'ajoute foi à vos promesses, et je vous conjure de m'y faire avoir part dans ce moment que je viens à vous et que j'implore votre miséricorde.   AINSI-SOIT-IL.

Amiens. Typ. de CARON et LAMBERT.